Henri Delaborde

David et l'école française

Peinture

 Le code de la propriété intellectuelle du 1er juillet 1992 interdit en effet expressément la photocopie à usage collectif sans autorisation des ayants droit. Or, cette pratique s'est généralisée dans les établissements d'enseignement supérieur, provoquant une baisse brutale des achats de livres et de revues, au point que la possibilité même pour les auteurs de créer des œuvres nouvelles et de les faire éditer correctement est aujourd'hui menacée. En application de la loi du 11 mars 1957, il est interdit de reproduire intégralement ou partiellement le présent ouvrage, sur quelque support que ce soit, sans autorisation de l'Éditeur ou du Centre Français d'Exploitation du Droit de Copie , 20, rue Grands Augustins, 75006 Paris.

ISBN : 978-1985355088

10 9 8 7 6 5 4 3 2 1

Henri Delaborde

David et l'école française

Peinture

Table de Matières

Introduction	**6**
Section I	**8**
Section II	**20**
Notes	**30**

Introduction

Un des symptômes qui révèlent le mieux l'état présent de notre école de peinture et le mouvement accompli dans l'opinion est le crédit à peu près égal que nous accordons à tous les talents, à tous les systèmes, quels que soient leur origine et leur drapeau. Certains noms que l'on ne prononçait autrefois qu'avec passion, certains principes qui soulevèrent tant de querelles de plume et de parole, nous laissent assez calmes aujourd'hui. Personne ne songe plus, en face d'un tableau, à prendre fait et cause pour des rivalités d'école ; en un mot, nous nous arrangeons de tout sans nous enthousiasmer précisément pour rien. Peut-être y a-t-il au fond de notre justice autant de lassitude et de scepticisme que d'impartialité réelle ; peut-être faudrait-il attribuer aux fautes et aux déceptions de tous les partis cette sorte d'accommodement et de bienveillance réciproque. Quoi qu'il en soit, le résultat a cela de bon, qu'il est permis maintenant de juger sans préventions de secte non-seulement les produits de l'art contemporain, mais aussi les œuvres appartenant au passé. Il y a vingt ans environ, au plus fort de la lutte, on s'attaquait à tels maîtres anciens comme à des ennemis présents. Rubens pour les uns, Léonard ou Poussin pour les autres, perpétuaient des erreurs dont il fallait avoir raison. S'agissait-il de maîtres plus près de nous, on y mettait moins de façons encore : David, par exemple, et ses élèves se voyaient punis de l'excès de leur gloire par un excès de dédain tout aussi regrettable. L'équilibre s'est rétabli depuis lors entre ces alternatives d'engouement et de mépris. Chacun a fini par comprendre que si l'école de David n'a pas tout l'éclat qu'on lui avait prêté, elle représente au moins une phase très honorable dans l'histoire de la peinture française.

C'est au moment où l'opinion tend à se fixer sur cette école, qu'il convenait de nous raconter la vie d'artistes tour à tour exaltés et dépréciés hors de mesure, mais qui, toutes choses remises en place, gardent une importance durable. Un écrivain qui les a vus de près, M. Delécluze, vient de se faire leur Vasari, et certes personne plus que lui ne devait se croire autorisé à prendre un pareil rôle. Ce rôle cependant était-il bien le seul qui convînt ici, et, tout en laissant une large part aux détails anecdotiques, fallait-il restreindre à ce point la part des aperçus personnels et des jugements ? Il semble qu'en recueillant ses souvenirs sur *Louis David et son école*, M. Delécluze ait voulu faire acte de biographe plus encore que d'historien. Si intéressants que soient les renseignements produits, si nouveaux que puissent paraître certains faits, le tout ne suffit pas pour nous édifier pleinement sur les questions qu'il s'agissait de résoudre, et ce livre, écrit par l'auteur en vue de réhabiliter son maître et ses anciens condisciples, semble laisser à ceux qui le lisent le soin de poursuivre la tâche, on dirait presque la vengeance commencée. La réserve de M. Delécluze sera pour nous un encouragement et une excuse, si nous abordons à notre tour un sujet qu'il s'est abstenu d'envisager sous toutes ses faces, mais dont il a mis en relief quelques côtés avec une autorité sans réplique.

L'école de David a un incontestable mérite d'intention : elle aspire à exprimer des idées graves sous une forme sévèrement châtiée. Ses prédilections naturelles ou acquises sont pour la grandeur épique, la rigoureuse précision du style ; la tradition d'art qu'elle entend continuer est la tradition antique, — en d'autres termes le culte de la vérité dans son acception la plus noble. Trop souvent, il est vrai, chez les élèves de David, — sans excepter même les plus éminents, — la recherche de la correction aboutit à la froideur, la retenue dégénère en simplicité apprêtée, et l'on a le droit de dire que dans l'art compris et pratiqué ainsi il y a quelque chose qui sent trop la convention et la rhétorique ; mais il convient aussi d'ajouter que ces talents un peu gourmés se recommandent au moins par un fonds de dignité vraie et de savoir sérieux. En face de ces œuvres où rien n'est abandonné aux hasards de l'exécution, où tout atteste la réflexion et les calculs, la pensée a conscience d'elle-même. Bien des tableaux ont une éloquence plus entraînante : il n'en est guère dont le sens soit moins douteux, ni l'action sur le raisonnement plus directe. Faut-il conclure de là que les disciples de David, et David lui-même, doivent être comptés parmi les plus grands maîtres de l'école française ? A Dieu ne plaise que nous exhaussions à ce niveau le peintre des *Sabines* ou le peintre d'une *Scène de Déluge*, et que nous confondions la majestueuse sérénité de Poussin, le sentiment exquis de Lesueur, avec les efforts de volonté accomplis par les peintres modernes ! Nous avons voulu au contraire, en indiquant le caractère général de l'école, faire pressentir d'abord ce qu'elle a d'insuffisant, eu égard à certaines conditions de l'art.

Voyons maintenant ce que fut le maître lui-même, et quelle opportunité pouvait avoir la réforme qu'il entreprit. La portée véritable de son œuvre et de son rôle sera ainsi plus facile à saisir.

Section I

Si l'on compare l'époque où allaient paraître les premiers tableaux de David à l'époque qui avaient illustrée les peintres du XVIIe siècle, la décadence de la peinture française est un fait qui frappe tous les yeux de l'esprit, mais nulle conscience, un goût sans élévation, sinon sans finesse, une facilité impertinente et une grâce toute l'utile, voilà ce que nous montrent à première vue les tableaux de Boucher et de ses émules, caquetages de pinceau, pour ainsi dire, beaucoup trop remis en honneur depuis quelques années, et qui au fond ne méritent ni plus ni moins d'estime que les impromptus galants et les petits vers du temps. L'école cependant ne se résumait pas tout entière dans cette phalange d'artistes qui décoraient d'une main si leste les éventails et les boudoirs. Sans parler de Joseph Vernet, de Chardin, et de quelques autres paysagistes ou peintres de genre plus honorablement inspirés, on trouverait bien des talents véritables parmi les peintres d'histoire et surtout parmi les peintres de portrait. Il y a donc exagération dans l'opinion, si souvent émise par les admirateurs de David, sur l'état de la peinture en France vers la fin du XVIIIe siècle. L'art n'était pas tombé dans la barbarie, comme on l'a dit pour rehausser d'autant la gloire du réformateur. Les doctrines étaient corrompues, cela est évident ; mais l'habileté ne faisait certes pas défaut à une école où figuraient, entre autres gens de mérite, Doyen, Greuze, Duplessis et le statuaire Houdon.

David d'ailleurs ne puisa pas l'idée d'une régénération de l'art dans ses seules convictions, loin de toute direction et de toute influence extérieure. La voie nouvelle qu'il parcourut avait été frayée déjà par quelques précurseurs dont il ne faut pas vanter bien haut l'audace, mais auxquels on ne saurait refuser une sorte de courage, ou, en tout cas, de bonne volonté. On sait la résistance de Vien aux routines académiques et les velléités archéologiques rapportées d'Italie par les peintres qui avaient approché Mengs, Hamilton ou Winckelmann. Avant d'avoir obtenu le prix, David devait déjà subir, bien que de seconde main, l'influence des savants et des antiquaires établis à Rome. Une fois en contact direct avec eux, il acheva de se convertir à leur foi, et travailla résolument à la propager par ses œuvres. Enfin, comme le dit M. Delécluze avec autant d'impartialité que de justesse, « l'artiste a obéi à un grand mouvement intellectuel, mais il ne l'a pas imprimé. »

Rien de plus facile, au surplus, que d'apprécier d'un coup d'œil le milieu où se produisit David et de mesurer la distance qui le sépare à ses débuts des peintres contemporains[1]. Deux estampes gravées par Martini, et qui reproduisent l'une l'exposition des tableaux au salon de 1785, l'autre l'exposition de 1787, nous montrent *les Horaces* et la *Mort de Socrate* entourés ou en regard de bon nombre d'Hectors et de Coriolans, preuve évidente d'un goût assez général déjà pour les sujets antiques et de cette réaction contre la fantaisie que David, il faut le répéter, encouragea plus énergiquement que personne, mais dont il ne fut pas le premier à donner le signal. N'importe, le coup décisif était porté. À partir du moment où parurent *les Horaces*, il n'y eut plus ni parmi les jeunes peintres, ni dans le public personne qui hésitât à abandonner la cause d'une école surannée pour se jeter dans le parti de la réforme et du progrès. À la cour même, David ne rencontra que des protecteurs empressés, des complices pour ainsi dire, et la révolution qui allait éclater dans d'autres sphères se confondant déjà avec la révolution de l'art, le peintre des Horaces reçut au nom du roi l'ordre de peindre *Brutus rentrant dans ses foyers après avoir condamné ses fils*. Le choix d'un pareil sujet à cette date (1789) était à la fois un hommage au talent personnel de l'artiste et une concession politique : concession bien vaine, on le sait de reste, et qui, comme tant d'autres sacrifices à l'opinion, ne pouvait plus être déjà qu'un aveu officiel de faiblesse. Le comte d'Artois du moins n'eut pas à se reprocher de s'être compromis dans des avances à ce point significatives. Lui aussi il avait commandé un tableau à David, et cela à la veille de la prise de la Bastille ; mais le sujet de ce tableau était tout uniment *les Amours de Paris et d'Hélène*.

David n'eût-il laissé que les quatre ouvrages qui résument sa première manière, et dont le plus récent, *Brutus*, était achevé avant la chute de Louis XVI, il occuperait encore dans l'histoire de l'art français une place considérable. On ne saurait oublier l'immense influence qu'un retour si formel aux traditions de l'art antique exerça sur le goût, sur les modes, sur l'extérieur des mœurs, sinon sur les mœurs mêmes ; en outre de pareils travaux ont assez de forces vives et de consistance pour survivre sans amoindrissement fort sensible aux circonstances qui les ont vus naître. Qu'ils aient emprunté aux émotions du moment un surcroît d'importance, c'est ce qui ne peut être mis en doute ; mais, en dehors de ce mérite d'à-propos, il leur reste une valeur sérieuse. Est-il besoin, par exemple, de se reporter au temps où David peignait la *Mort de Socrate*, pour comprendre la beauté sévère et la noblesse de la composition ? Nous employons ce mot à dessein. L'exécution du tableau est pesante, froide, mesquine, et, sous le rapport du faire, David se montre ici très inférieur à ce qu'il devait être plus tard ; en revanche, il ne produisit dans tout le cours de sa vie rien d'aussi fortement pensé, d'aussi grand par l'ordonnance, rien d'aussi bien composé pour tout dire. Que l'on ne se méprenne pas cependant sur le sens et la portée de ces éloges. Même dans la *Mort de Socrate*, il ne faut admirer, à notre avis, que les témoignages d'une intelligence vigoureuse. Là plus qu'ailleurs l'inspiration se fait sentir, mais là encore cette inspiration semble venir tout entière de la tête. L'élan du cœur, l'accent ému, la puissance expansive, voilà ce qui fait défaut à une œuvre si robuste d'ailleurs et si grave. Veut-on apprécier par un exemple contraire l'insuffisance pathétique du *Socrate*, il suffira d'opposer à ce tableau le *Testament d'Eudamidas*, de Poussin.

Les spécimens principaux de la première manière de David, et en général tous les tableaux qu'il a signés, paraissent donc plus propres à imposer une estime réfléchie qu'à éveiller instantanément la sympathie. Ce qui manque dès les premières années au maître, — il a droit à ce titre par l'autorité de ses efforts, — ce qui lui manquera dans toute sa carrière et en face de tous les sujets, c'est un fonds de sensibilité, c'est l'âme. Il étudie et il comprend avec une rare sagacité l'homme extérieur ; les formes qu'a aperçues son œil clairvoyant, il les traduira le plus souvent d'une main ferme et savamment discrète. Il saura combiner l'imitation de la nature avec l'imitation de l'art antique, et si le style qui revêt ce mélange n'est pas toujours exempt de pédantisme, il ne manque certes ni de pureté, ni de vigueur ; mais ne demandez pas à ce pinceau correct d'intéresser plus que votre esprit, de vous initier à d'autres mystères qu'aux secrets de la ligne et de la beauté palpable. L'expression des affections intérieures, la peinture des passions humaines, les conditions morales de l'art en un mot, sont pour David à peu près lettre close, bien qu'il recherche avec une obstination singulière les sujets tragiques. Étrange contraste en effet : la plupart des scènes qu'il entreprend de représenter ont un caractère nécessaire de terreur, de pitié ou de tendresse, et cependant, en les transportant sur la toile, il semble n'avoir ressenti qu'une impression purement pittoresque, qu'un seul besoin, celui de l'harmonie linéaire. David est inhabile à rendre la douleur ; voyez les attitudes théâtrales des femmes dans *les Horaces*, et le groupe si pauvre d'expression que forment dans *Brutus* la mère et les sœurs des deux victimes. S'agit-il de peindre les langueurs ou les agitations de l'amour, l'impuissance du sentiment est moins douteuse encore. Quoi de plus insignifiant que les traits, que les figures tout entières de Paris et d'Hélène ? En dehors de la précision souvent animée du style, de cette fermeté passionnée pour ainsi dire, qui donne à la manière de David son originalité et son accent, trouverait-on dans aucune œuvre du peintre le signe d'une émotion profonde, la vive empreinte de la révélation ? Partout l'ardeur à formuler une poétique, nulle part la verve et les effusions d'un poète. Je me trompe : David connut un jour l'enthousiasme du cœur, et l'on verra tout à l'heure en face de quelle abominable idole ; mais hormis ce jour glorieux et coupable à la fois, chaque moment de sa vie d'artiste fut consacré à la pratique de la règle, aux calculs savants, aux comparaisons attentives. M. Delécluze, pour caractériser le talent et le rôle de son maître, dit que « la qualité éminente de David est d'être un peintre vrai. » Or est-ce bien la vérité que David représente dans l'art, et ne serait-il pas plus exact de dire qu'il représente la volonté ? Il n'a pas su être pleinement vrai, puisqu'il lui a manqué l'instinct des vérités morales ; mais il a su, il a voulu surtout restituer aux formes pittoresques la simplicité et la noblesse, en contrôlant l'étude de la réalité vivante par les exemples de la statuaire antique. Pour entreprendre une pareille tâche, pour accomplir dans le domaine de l'art cette réforme assez semblable à la réforme littéraire tentée par Alfieri vers la même époque, il faut être doué d'une résolution et d'une persévérance peu communes. David n'ouvrit à la peinture un horizon que relativement nouveau : il ne fut à tout prendre ni un inventeur, ni un initiateur suprême ; mais il eut le mérite de remettre en honneur de sages lois méconnues depuis longtemps, et s'il est juste de ne pas saluer en lui un artiste de génie, il faut au moins l'honorer comme un de ces talents utiles qui refont à propos la grammaire de l'art et en définissent clairement la syntaxe.

Peut-être cette prédominance de la volonté sur le sentiment, que laissent voir les œuvres du peintre, expliquerait-elle le rôle que joua l'homme public dans les événements de la révolution. Certes on serait mal venu à essayer de justifier la carrière politique de David : trop de faits accablants interdisent même la tentation de l'excuser, et le moins qu'on puisse dire en s'autorisant seulement des tristes discours du député de Paris, c'est qu'il se montra aussi niais dans son exaltation révolutionnaire qu'impitoyable dans ses vengeances. Et de qui avait-il à se venger, grand Dieu ! Des membres de l'Académie ? Ils s'étaient empressés de l'accueillir dans leurs rangs, et le jour où, fulminant à la tribune de la convention [2] un réquisitoire contre ses confrères, il prétend découvrir « dans toute sa turpitude l'esprit de l'animal qu'on nomme académicien, » comment n'a-t-il pas honte de lui-même, lui qui a dû ses premiers succès, que dis-je, la vie peut-être à l'un de ceux qu'il poursuit maintenant de ses outrages [3] ? Avait-il mieux le droit d'invectiver le trône ? Mais cet homme qui ne veut voir dans les souverains que « des tyrans redoutant jusqu'aux images des vertus, » dans les grands que « des sybarites gorgés d'or, » demandant aux arts « la satisfaction de leur orgueil ou de leur caprice, » oublie donc qu'il a été, lui le peintre de la vertu, pensionné, applaudi, encouragé de toutes façons par ces prétendus apôtres du vice ? Enfin se souvenait-il davantage des amis de sa jeunesse, du noble André Chénier par exemple, celui qui, osant se glorifier de son amitié pour Marat, immortalisait sur la toile cette erreur effroyable ? Non, les fureurs de David ont la même origine que les faiblesses de sa pensée. À force de se raidir dans un système de réforme à outrance, il n'a plus, même en face du bien, qu'un cœur atrabilaire ou infirme. Terroriste ou peintre, il ne prend conseil que de son cerveau, et les emphatiques pauvretés qu'il s'en vient débiter à la tribune trahissent, aussi bien que la composition théâtrale du *Serment du Jeu de Paume*, la rigueur du parti-pris, une froide imagination et un dogmatisme sans entrailles.

Nous l'avons dit pourtant, David obéit une fois à de plus chaleureux instincts. Ce fut, — hélas ! — lorsqu'il peignit ce portrait de *Marat*, que le nom du modèle condamne à l'infamie, mais que le talent du peintre a élevé au rang des chefs-d'œuvre. Essayez de vaincre la répulsion que vous inspire la renommée de l'abject héros ; oubliez, s'il se peut, l'immoralité du spectacle pour le caractère de la mise en scène : quelle ample simplicité, quelle verve ! Nulle ostentation de science, point d'archaïsme ni de fausse grandeur comme dans le portrait de *Lepelletier de Saint-Fargeau*, peint par David quelques mois auparavant. Ici la puissance du style ressort de sa justesse même, et les moyens employés s'approprient si exactement au sujet, que partout ailleurs ils sembleraient hors de propos ou de mesure. Que l'on veuille bien examiner les conditions particulières de ce thème hideux. À ne considérer que sa laideur physique, Marat était de nature à décourager le pinceau. De plus, comment donner au portrait une certaine dignité pittoresque, quand la composition de ce tableau n'a d'autres éléments qu'une baignoire, un escabeau et quelques chiffons ? Ou le peintre se contentera de reproduire le fait brut, et le résultat de cette transcription sera aussi peu conforme aux lois de l'art que le style d'un procès-verbal peut l'être aux exigences littéraires, ou bien il réformera si complètement la réalité, que son œuvre n'en reflétera plus rien. Le difficile en pareil cas est donc de se tenir en garde aussi bien contre l'imitation servile que contre l'infidélité prétentieuse, et c'est ce double écueil que David a su admirablement éviter Rien de plus vrai et en même temps rien de plus imposant que l'aspect général de la scène. Et si l'on étudie les détails, comment, ne pas reconnaître partout, dans l'expression du visage, dans le dessin du bras qui pend hors de la baignoire, dans l'effet du fond et des accessoires, dans le coloris même, cette habileté supérieure qui consiste à concilier le naturel et la majesté ? La majesté ! peut-on prononcer ici un pareil mot sans que la conscience se révolte ? Ce sera la le juste châtiment des égarements de David. Jamais il ne prouva mieux que dans son *Marat* la vigueur de sa manière, jamais il ne fit acte plus formel de grand peintre, et cependant cette toile ne peut être mise en lumière qu'au risque de diffamer sa mémoire. Honteux chef-d'œuvre propre à exciter du même coup l'admiration et l'horreur, et qui, digne d'un musée, méritera toujours d'être enseveli dans le cabinet de quelque curieux !

Le portrait de *Marat* et celui de *Lepelletier de Saint-Fargeau*, offerts, comme on sait, par David à la convention nationale, — quelques têtes peintes sur la toile où il devait reproduire son dessin du *Serment du Jeu de Paume*, — l'ébauche du jeune *Barra mourant*, — tels sont les travaux qui résument à la fois la période révolutionnaire dans la vie de l'artiste et, ce qui est infiniment plus honorable, une seconde phase dans son talent. Nous ne parlons pas de certains plans pour les fêtes publiques, d'un projet de statue colossale du *Peuple français*, et de quelques autres essais du même ordre : rêves présomptueux d'un esprit qui prend des travestissements de rencontre pour le vêtement de la poésie et de grossières idées pour des idées fortes. Le tout n'honore que fort peu le crayon de David ; mais les œuvres de son pinceau durant cette époque gardent, au point de vue de l'art, un mérite et un intérêt tout autres. Le style dans les premiers tableaux du maître a quelque chose de tendu, de détaillé à l'excès, dans ceux qui suivirent, la fermeté de l'exécution s'allie au contraire à une certaine liberté. La correction n'y est pas comme autrefois aride, la sobriété du coloris ne dégénère plus en monotonie, et, — sauf les réserves déjà faites en ce qui concerne l'invention, — le portrait de *Lepelletier*, la figure nue du jeune *Barra*, morceau charmant, bien qu'un peu recherché, et même les fragments peints du *Serment du Jeu de Paume* révèlent un progrès que viendra bientôt confirmer le tableau des *Sabines*, l'œuvre la plus considérable à tous égards de David.

À l'époque où David ébauchait cette toile célèbre, il n'avait pas seulement modifié sa manière ; un changement plus radical encore s'était accompli dans ses opinions, dans sa vie. On était en 1795, et le peintre de Marat, l'ami de Robespierre n'avait pu échapper qu'à grand'peine aux vengeances qu'appelait sur sa tête la réaction contre ses complices. Accusé devant la convention quatre jours après le 9 thermidor, David s'était efforcé de se faire pardonner ses terribles erreurs en les attribuant à l'influence que Robespierre avait exercée sur lui « par ses sentiments hypocrites... Personne, ajoutait-il, ne peut m'inculper plus que moi-même. On ne peut concevoir jusqu'à quel point ce malheureux m'a trompé. » Et, comme pour s'humilier davantage, il rejetait sur je ne sais quels accidents de santé son absence de l'assemblée pendant la journée du 9 thermidor. M. Delécluze assistait par hasard à cette séance où David expiait dans les angoisses de la peur et sous les outrages ses sinistres liaisons ; il la décrit en quelques lignes avec l'émotion d'un honnête homme et le sentiment pittoresque d'un artiste : « Le représentant du peuple, le peintre David, dit-il, était à la tribune où il balbutiait quelques paroles sourdes qu'il cherchait, mais en vain, à opposer à la fureur de plusieurs de ses collègues acharnés à le faire décréter d'accusation. Il était pâle, et la sueur qui tombait de son front roulait de ses vêtements jusqu'à terre, où elle imprimait de larges taches. Etienne, — M. Delécluze ne consent à se mettre en scène qu'à l'ombre de ce prénom, — Etienne avait souvent entendu parler des tableaux des *Horaces* et de *Brutus* ; il savait que David était le peintre le plus renommé de l'époque : aussi, malgré les charges terribles qui s'élevaient contre cet homme, ne fut-il frappé que de l'idée de voir le plus habile artiste de France menacé d'une mort prochaine. » Cependant cette vie, un moment si compromise, cessa bientôt d'être en danger. Un emprisonnement de quelques mois, suivi à la vérité d'une détention nouvelle après un court intervalle de liberté, tel fut le châtiment infligé à David, qui, une fois guéri de sa fièvre révolutionnaire, se garda soigneusement et en toute occasion d'en laisser soupçonner un nouvel accès. Mais revenons au tableau des *Sabines*, dont la première pensée occupa l'ex-membre du comité de sûreté générale pendant qu'il était détenu à la prison du Luxembourg.

David, en combinant les éléments de sa nouvelle composition, voulait prouver par le choix du sujet que désormais il n'imposait plus à l'art une signification politique, et, par l'exécution, qu'il renonçait en partie au système adopté dans ses premiers ouvrages. Les bas-reliefs de la colonne Trajane et en général les sculptures romaines appartenant à l'époque des empereurs lui avaient servi de types pour les *Horaces* et pour le *Brutus*. Il se proposait maintenant de choisir ses modèles parmi les monuments d'un art plus pur, et, comme il le disait lui-même, de donner à son tableau un caractère « plus grec. » Or ce caractère de beauté primitive que David rêvait pour ses *Sabines*, bien des concessions académiques, bien des sacrifices au goût conventionnel et théâtral l'altèrent, soit dans l'ordonnance de l'ensemble, soit dans l'agencement des détails, et il faut avouer que les efforts tentés ici pour se rapprocher du style grec se traduisent surtout par la nudité des personnages. Encore remarquera-t-on que, par un étrange contraste, ces sauvages guerriers, ces héros si formellement, dévêtus, portent des boucliers ou des casques dont les ornements accusent une civilisation et une industrie déjà singulièrement raffinées. Néanmoins, si, au lieu de s'attacher aux imperfections morales et à l'invraisemblance de la composition, on examine comment chaque morceau est étudié et rendu, il est impossible de ne pas admirer presque partout la rare élégance des contours, la précision souple du modelé et, — qualité toute nouvelle chez David, — une véritable aisance de pinceau. Le coloris même, quoique un peu gris, principalement dans le ciel et les fonds, n'a plus cette pesanteur ou cette aridité qui lassait ailleurs le regard ; le dessin, sans affecter l'asservissement à la nature, est, excepté dans les chevaux, d'une justesse à peu près irréprochable. C'est par la justesse, par une proportion savante entre la beauté idéale des formes et leur exactitude matérielle que le tableau des *Sabines* commande l'étude et le respect. Il est difficile, je le sais, même en face de cette noble figure de Romulus, dessinée avec tant de résolution et de finesse, même en face de cette jeune mère qui s'élance en élevant son enfant au-dessus des combattants, d'oublier la fatigue et les efforts de patience qu'a pu coûter, pendant les années de collège, la reproduction au *crayon manié* des classiques beautés des *Sabines*. Qui de nous pourtant, en relisant les livres sur lesquels il pâlissait à la même époque, ne s'est surpris à les goûter, à y découvrir un charme que son inexpérience et l'ennui de la tâche ne lui avaient pas permis d'abord de pressentir ? Un examen impartial du tableau de David amènerait le même résultat, et tel qui ne l'entrevoit aujourd'hui qu'à travers ses souvenirs d'enfance s'étonnerait peut-être de rencontrer un art sagement sévère là où il n'apercevait autrefois que les témoignages du pédantisme.

Les *Sabines* pourtant, malgré les hautes qualités qui distinguent ce tableau, n'appartiennent pas, même au point de vue de la forme pure, à la classe des ouvrages excellents. C'est de la perfection du dessin qu'elles tirent leur valeur principale ; mais ce dessin, si beau qu'il soit, ne porte pas comme celui des grands maîtres l'empreinte de l'imagination et d'un sentiment profondément original. Il atteste un goût remarquablement judicieux, un soin jaloux de la correction : il n'a pas la fierté qui se manifeste par exemple dans les moindres travaux des dessinateurs italiens. En un mot, la forme, telle que la comprend David, est plutôt l'objet d'une imitation choisie que le principe d'une invention. Il n'en faut pas moins, pour choisir et pour imiter ainsi, une somme de talent bien au-dessus de l'ordinaire, et si l'on ne retrouve dans les *Sabines* ni le grandiose, ni cette délicatesse exquise dont l'école florentine a eu plus qu'aucune autre le secret, on y reconnaît une science rare et une netteté d'exécution qui depuis plus d'un siècle manquait aux œuvres de l'école française.

Il est très regrettable d'ailleurs que David n'ait pas craint de pousser jusqu'à ses conséquences extrêmes la réforme qu'il venait d'introduire dans la peinture, et que, au lieu de s'en tenir aux progrès déjà accomplis, il se soit fait un devoir de travailler à épurer encore sa manière. Qu'arriva-t-il en effet ? A force de n'attacher à la figure humaine qu'un sens exclusivement plastique, à force de n'étudier dans les monuments de l'art antique que les apparences et le style, il se laissa aller à ne plus peindre que des corps inanimés ou des statues. L'emploi systématique du nu et le morcellement par figures détachées de l'ensemble d'une composition devinrent pour lui les conditions premières et comme les nécessités de la tâche. En procédant ainsi, David croyait de la meilleure foi du monde ressusciter l'esprit et les traditions de l'art grec ; il réussissait tout au plus à en reproduire la lettre, et confondant le calme avec l'inertie, la simplicité avec les intentions négatives, il achevait, à grand renfort de patience, son *Léonidas aux Thermopyles*, tableau froid à l'excès, où le mérite de quelques détails ne saurait racheter la nullité de l'expression et l'insuffisance prétentieuse des formes générales.

Peut-être David lui-même éprouva-t-il quelque remords d'avoir exagéré à ce point les principes de sa méthode. On raconte, il est vrai, que peu d'instants avant de mourir il citait encore, comme un morceau de premier ordre, la tête du *Léonidas* ; mais il est assez présumable que dès longtemps les autres parties du tableau avaient cessé de lui inspirer le même orgueil. M. Delécluze, entre autres observations sur le *Léonidas aux Thermopyles*, fait remarquer avec raison l'espèce d'incohérence matérielle que présentent les groupes peints en 1800 et ceux qui ne furent terminés que quelques années plus tard. Les uns sont traités dans un goût expressément archaïque, les autres, tels que les deux jeunes soldats détachant leurs armes suspendues à un arbre, accusent l'étude scrupuleuse du modèle vivant. David avait-il reconnu les graves inconvénients de sa première manière et voulait-il déjà faire justice de ses propres entraînements ? On serait tenté de le penser, à moins qu'il ne faille voir dans cette disparate qu'un souvenir involontaire des travaux pour lesquels l'artiste avait interrompu son Léonidas.

David venait en effet, dans l'intervalle, de peindre le *Couronnement de Napoléon* et la *Distribution des aigles*, et ces sujets de l'histoire contemporaine lui avaient imposé l'obligation de consulter la nature de fort près. Déjà, dans son *Portrait équestre du premier consul*, il s'était permis quelque restriction à son système d'idéalisme ; ce système, il s'agissait maintenant de l'abandonner complètement et de revenir, sous peine de manquer le but, à la méthode plus large et plus naturelle que le maître avait suivie dans les œuvres de sa seconde manière. Malheureusement quelque chose des habitudes contractées depuis lors vint combattre et paralyser en partie les bonnes résolutions de David. Nous ne parlons pas de la *Distribution des aigles*, tableau tout à fait manqué, que personne sans doute ne songerait à défendre ; mais nous ne pouvons, même en face du *Couronnement*, ne pas apercevoir ce qu'il y a d'incomplet et d'incertain dans ces tentatives faites par David pour se renouveler et réduire ses prétentions accoutumées. On a dit maintes fois que la partie du *Couronnement* qui avoisine l'autel est un chef-d'œuvre de vérité. Chef-d'œuvre, soit, à ne considérer que le reste du tableau ; mais que l'on choisisse d'autres termes de comparaison, que l'on rapproche, par exemple, le groupe de Pie VII et des cardinaux du portrait de *Léon X* ou de la *Messe de Bolsène* de Raphaël, combien cette vérité semblera-t-elle effacée et timide auprès de la simplicité sans contrainte et du naturel sans fausse honte du maître italien ! La figure de Napoléon elle-même, vraiment imposante d'ailleurs par l'attitude, ne trahit-elle pas les préoccupations un peu mesquines du pinceau, ses hésitations et en quelque sorte ses méfiances ? Pourtant quoi de mieux fait pour le rassurer que les conditions particulières du sujet ? quelles ressources pittoresques n'offraient pas à David l'auguste beauté de ses modèles, le lieu de la scène, la variété et la richesse des costumes ! Avec de tels éléments, il lui suffisait, pour exprimer la grandeur, de tracer une image fidèle de la réalité. En voulant au contraire établir une espèce de compromis entre la sincérité et l'artifice, il n'est arrivé à produire qu'un *fac-similé* un peu bâtard, où percent, à côté d'une certaine volonté d'exactitude, des arrière-pensées académiques et la gêne qu'imposent à la main les doutes de l'esprit.

Le tableau du *Couronnement* et celui de *Lèonidas*, auxquels il faut ajouter le portrait du *Pape Pie VII*, aujourd'hui au musée du Louvre, peuvent être considérés comme les derniers spécimens importants du talent de David. Le déclin de ce talent, déjà sensible dans le *Leonidas*, frappe encore plus les yeux quand on se trouve en face des œuvres qui suivirent, et il est au moins inutile de chercher à reconnaître le peintre des *Sabines* dans le peintre de *l'Amour et Psyché* ou de la *Colère d'Achille*. Ces deux toiles néanmoins, et quelques autres peintes par David pendant les dix années qu'il passa en Belgique, ne firent en apparence qu'ajouter à sa renommée lorsqu'elles furent exposées pour la première fois à Paris ; mais l'esprit de parti ne demeura pas, à ce qu'il semble, étranger au succès qu'elles obtinrent alors, et peut-être les hommages rendus au peintre s'adressaient-ils plus directement encore à l'exilé. David, banni de France après la seconde restauration, mourut à Bruxelles en 1825.

Trente ans se sont écoulés depuis cette époque, et les souvenirs politiques qui se rattachent au nom de David ne sauraient plus aujourd'hui égarer l'opinion sur la valeur réelle de ses travaux. En outre ces trente années ont vu se succéder dans le domaine de l'art bien des entreprises contraires qui n'ont pas laissé en définitive de tournerait profit de notre impartialité, et de nous enseigner la prudence. Pour juger David, nous sommes maintenant aussi loin des engouements des premiers jours que des injustices posthumes, et l'on n'aura à craindre le ressentiment d'aucun parti en ne donnant pleinement raison ni à ses enthousiastes, ni à ses détracteurs. Les toiles que nous avons mentionnées ne sont pas sans doute des œuvres de premier ordre, mais elles attestent, à des degrés divers, un talent remarquablement consciencieux, une science rare, et par-dessus tout une grande force de volonté. La volonté appliquée à l'expression de la forme sans inclination naturelle vers un autre but de l'art, telle est, il faut le redire, la qualité supérieure, tel est le caractère essentiel de ce talent ; c'est de là que lui viennent son genre de mérite et ses défauts. Aussi, tout en captivant l'attention, ne réussit-il jamais à émouvoir profondément. Avec beaucoup moins d'imagination, David a quelque chose des goûts et des habitudes morales de Lebrun. Impuissant comme le premier peintre de Louis XIV à rendre les affections de l'âme, comme lui, il n'évite, en poursuivant la grandeur, ni l'apparat, ni les effets de théâtre, et, quelque dissemblables que soient les moyens employés, il n'est pas impossible de démêler sous la simplicité un peu fastueuse de David les instincts qui se traduisent chez Lebrun par l'ostentation formelle. Il serait oiseux d'ailleurs de pousser plus loin le parallèle, et d'insister sur l'analyse d'un talent que ses œuvres principales nous ont suffisamment expliqué. La part une fois faite à l'habileté et aux imperfections personnelles de David, il reste à apprécier l'étendue de son influence sur les artistes qu'il a formés, à rechercher jusqu'à quel point cette influence a pu être féconde, et dans quelle mesure l'école française la subit encore aujourd'hui.

Section II

Lorsqu'on examine l'ensemble des tableaux, des sculptures, des objets d'art de toute espèce, produits en France depuis les dernières années du règne de Louis XVI jusqu'à la fin de l'empire, il est difficile de ne pas être fatigué de leur apparence uniforme. Partout ou presque partout une soumission aveugle aux doctrines régnantes, une rivalité de monotonie pour ainsi dire, et, sous des dehors assez froids, un *classicisme* fanatique ! A ne parler que de la peinture, supprimez les *batailles* de Gros, les toiles de Prud'hon, de Granet, les premiers ouvrages de M. Ingres : où trouverez-vous des signes très évidents d'indépendance ? De là ces accusations de despotisme tant de fois portées contre David, de là les reproches auxquels les travaux de ses imitateurs servent communément de prétexte. Est-il bien juste pourtant d'attribuer ainsi au maître tous les torts des disciples, et, en le rendant responsable de l'ennui que peut nous donner son école, faut-il fermer les yeux à certaines qualités qu'elle lui doit ? Il est clair que sans les exemples de David une foule d'artistes médiocres eussent laissé en repos les héros de l'histoire ancienne et les monuments de la statuaire grecque ou romaine. Où serait le profit après tout, puisqu'ils n'eussent fait qu'appliquer à la reproduction d'autres modèles leur chétive habileté ? Mais sans ces mêmes exemples, quelques talents véritables se seraient-ils aussi sûrement mis en lumière, et compterions-nous, à l'honneur de l'école française, des œuvres comme l'*Atala, le Déluge* ou la *Psyché* ? Certes ce ne sont pas les leçons de David qui ont pu doter Girodet de ses instincts poétiques, ni Gérard de son ingénieuse imagination ; est-ce une raison cependant pour méconnaître la part qu'elles ont eue au développement de ces facultés natives, et les deux peintres, comme plusieurs de leurs condisciples, n'ont-ils pas au moins acquis près de leur maître le goût de la correction et une savante expérience du dessin ?

D'ailleurs il semble malaisé de concilier l'intolérance et la tyrannie prétendues de David avec l'estime qu'il professait pour certaines œuvres fort peu conformes aux siennes. Lui qui qualifia tout d'abord de « talent sûr » le talent si longtemps contesté de Prudhon, lui qui jouait aussi haut que personne la fougue de Gros et jusqu'à « l'énergie » de Hennequin, — auteur de ce tableau d'*Oreste* où des juges moins indulgents ne trouveraient à signaler qu'une médiocre audace, — craignait-il donc si fort les démentis à sa manière et l'esprit d'insubordination ? Disons plus : les efforts de la réaction *romantique*, dirigés en apparence contre les théories de David, se trompèrent d'objet, et ne purent ruiner, au lieu de ces principes mêmes, que l'application qui en avait été faite à côté de lui et souvent malgré lui. L'imitation abusive de l'antique et l'immobilité du style pittoresque appelaient sans doute une réforme ; mais en prétendant restaurer le culte de la nature, faisait-on autre chose que de reprendre l'œuvre commencée une quarantaine d'années auparavant ? Il y avait innovation dans les formes ; au fond, les intentions étaient presque les mêmes, en ce sens qu'on visait à réagir, comme autrefois David, contre l'affectation et les excès de la pratique. Les plus ardents novateurs sortirent, on le sait, de l'atelier de Guérin [4]. Or la violence de la révolte contre Guérin ne prouve en réalité que l'insuffisance des enseignements de cet artiste. D'une part elle est justifiée par les derniers et assez faibles ouvrages de Guérin, de l'autre par les succès de ses plus infidèles disciples, Géricault, Sigalon, MM. Delacroix et Scheffer. Qu'y a-t-il en tout cela qui incrimine sérieusement David ? Le moment était arrivé de secouer le joug, je le veux bien ; mais il avait fallu, pour que ce joug devînt insupportable, qu'il eût été imposé de seconde main. Il ne sera pas inutile d'ajouter que David n'avait pas été le maître de Guérin, et que celui-ci, en cherchant à l'imiter, obéissait par conséquent, non à des ordres reçus, mais bien à des entraînements de son choix.

Il n'est donc que strictement juste de ne pas confondre David avec tous ses séides et de lui demander compte seulement, au lieu d'abus qui ne sont pas de son fait, de l'autorité directe qu'il exerça. Et d'abord quel est le rôle d'un maître ? en quoi consistent ses devoirs ? jusqu'où peut s'étendre son action sur l'esprit des élèves ? S'il suffisait, pour enseigner la peinture, d'expliquer des procédés matériels et d'en surveiller l'emploi, nul doute que tout homme vieilli dans le métier pût convenir à cette modeste besogne. Au lieu d'un artiste dirigeant ses disciples, il n'y aurait en ce cas qu'un patron entouré de ses apprentis, et ceux-ci, une fois en possession des recettes, arriveraient vite à les pratiquer à souhait ; mais les conditions à remplir ne sont ni si simples ni si faciles. La tâche du maître a un caractère complexe ; il doit initier les jeunes gens qui lui sont confiés aux secrets techniques que l'expérience lui a révélés et leur transmettre ses propres principes ; il doit d'un autre côté faire jusqu'à un certain point abnégation de son sentiment personnel en face des inclinations particulières qu'il entrevoit, des résistances instinctives qu'on lui oppose. On conçoit dès lors la nécessité d'une pénétration aussi fine qu'impartiale. C'est peu de signaler à un élève les fautes de proportion qu'il a pu commettre ou la discordance des tons qu'il a employés dans l'imitation d'un modèle : les avis de ses camarades éclaireraient au besoin celui qui a failli de la sorte, et l'intervention du maître en pareil cas n'est pas d'une utilité indispensable. En revanche, cette intervention peut être très efficace là où il s'agit de tendances à développer, d'hésitations à vaincre ou de progrès à stimuler. Il faut enfin que les leçons soient données non en vertu d'un système immuable et uniforme, mais en raison des besoins, des dispositions de chacun, et que, hormis certaines lois impérieuses pour tous, il n'y ait rien dans les avis du maître qui ne se plie aux aspirations et aux préférences individuelles.

Cette habileté à deviner les aptitudes, cette faculté de s'oublier soi-même pour tenir compte avant tout des intentions d'autrui,

David les possédait à un degré remarquable. Il va sans dire qu'il ne poussait pas le désintéressement si loin qu'il répudiât ses propres principes en entrant dans l'atelier de ses élèves : là comme ailleurs, il admirait hautement l'antique et en recommandait l'étude ; mais il ne parlait ainsi qu'aux jeunes gens dont l'organisation lui semblait assez forte pour être mise au régime qu'il avait suivi lui-même. Les exemples qu'il proposait aux autres étaient, suivant le cas, les tableaux italiens ou même ceux des petits maîtres flamands. Partout où il surprenait quelque trace d'originalité, quelque indice d'une vocation spéciale, il acceptait sans difficulté le genre de talent qui se révélait à lui, si éloigné que pût paraître ce talent des goûts héroïques de l'époque. M. Delécluze, dans un des chapitres les plus intéressants de ses *souvenirs*, nous montre David passant en revue les travaux de ses élèves et distribuant le blâme et les encouragements tantôt dans un langage au moins familier, tantôt en termes sérieux, toujours avec l'accent de la raison et un vif sentiment de l'art. « Tu mets la charrue avant les bœufs, dit David à l'un de ceux qui se préoccupaient de la couleur plus que du dessin ; mais c'est égal, fais comme tu sens, copie comme tu vois, étudie comme tu l'entends, parce qu'un peintre n'est réputé tel que par la grande qualité qu'il possède, quelle qu'elle soit : il vaut mieux faire de bonnes bambochades, comme Téniers ou van Ostade, que des tableaux d'histoire, comme Lairesse et Philippe de Champagne. » Puis, désignant un autre élève, qui devait au reste pleinement justifier les prédictions du maître : « Celui-là a ses idées, il a son genre. Ce sera un coloriste ; il aime le clair-obscur et les beaux effets de lumière. C'est bon, c'est bon ; je suis toujours content quand je m'aperçois qu'un homme a des goûts bien prononcés. Tâchez de dessiner, mon cher Granet, mais suivez votre idée. » Malheureusement, ce que David démêlait dans les études de Granet, ces idées qu'il l'exhortait à suivre, tout cela se rencontre bien rarement dans un atelier, si nombreux qu'il soit, et celui de David, plus favorable qu'un autre à l'éclosion du talent, ne pouvait cependant en multiplier les germes. Huit ou dix élèves bien doués surent faire tourner au profit de leurs instincts les leçons qu'ils avaient reçues de leur maître ; mais en regard de ces intelligences d'élite, cent autres essayèrent de suppléer par de malencontreux emprunts à leur indigence personnelle. On sait les contrefaçons qui se succédèrent pendant trente années et la fatigue qui s'en suivit. À qui la faute toutefois ? Rien ne serait moins équitable que de s'en prendre à David de cette fécondité impuissante. Autant vaudrait confondre Michel-Ange avec ceux qui le parodièrent, ou bien imputer à Corrège les excès de manière qui choquent dans les œuvres de ses imitateurs.

David d'ailleurs craignait si fort d'imposer sa doctrine à ses élèves, il prétendait si peu les asservir, que plusieurs d'entre eux, se jugeant par trop libres, résolurent de chercher au-delà des préceptes du maître les lois fixes qui devaient les régir et la foi qu'il convenait définitivement d'embrasser. À leur avis, David avait entrevu seulement le vrai et le beau qu'ils se sentaient appelés à découvrir. Sa réserve était taxée par eux de mollesse ; son admiration pour l'antique restait entachée de banalité et d'erreur, puisqu'elle se portait aussi bien sur les œuvres appartenant au siècle et au pays d'Auguste que sur les œuvres grecques du temps de Périclès. Le culte absolu du beau tel qu'on l'avait compris et exprimé en Grèce jusqu'à Phidias, la condamnation en masse de ce que l'art avait produit depuis lors, y compris tous les tableaux italiens, tels étaient les londoniens du système, système assez radical, on le voit, et dont les adeptes s'intitulaient les *primitifs*, ou, moins modestement encore, les *penseurs*. Cette étrange secte eut, de 1797 à 1803 environ, sinon une importance réelle, au moins quelque notoriété. Il est vrai qu'à ses prétentions de réforme dans l'art se mêlaient je ne sais quelles arrière-pensées de régénération sociale, et la curiosité pouvait jusqu'à un certain point être éveillée par les théories de ces novateurs, qui, tout en formulant leur esthétique, proposaient par surcroît aux peuples de faire bon marché des mœurs et des croyances modernes. Ajoutons que deux des *penseurs*, vêtus, l'un en Agamemnon, l'autre en Paris, s'étaient généreusement promenés aux Tuileries dans le dessein de convertir la foule et de lui inculquer le goût du beau. Un pareil acte de courage avait peu de chances d'être imité ; mais on s'en occupa un moment, et la secte, sans recruter de nouveaux adhérents, réussit au moins à faire quelque peu parler d'elle. Quant aux tableaux au moyen desquels on entendait démontrer les hérésies de David et l'excellence du dogme *primitif*, il faut bien dire qu'ils ne virent jamais le jour. Tout se passa entre les initiés en oisives contemplations devant quelques statues du Musée, en conciliabules où le chef de la troupe, un jeune homme nommé Maurice Quaï, dissertait sur la philosophie de l'art, où M. Charles Nodier figurait à titre de rapsode et tenait la lyre. Aucune main ne tenait les pinceaux. Aussi que reste-t-il aujourd'hui des *penseurs* et de leur entreprise ? Un vague souvenir de quelques fantaisies extravagantes ou puériles et une brochure de M. Charles Nodier, les *Essais d'un jeune barde*, dont les fragments cités par M. Delécluze ne semblent pas de nature à sauver de l'oubli ni la doctrine même, ni celui qui s'en était fait l'apôtre, — ce Maurice Quaï, que le futur auteur de *Smarra* compare pourtant sans marchander à Moïse, à Homère, à Pythagore, voire « au Tout-Puissant et au Jupiter de Myron. »

Cependant, en dépit de cette espèce de sédition qui s'éleva tout à coup dans l'atelier du maître, et que fomentèrent pendant quelques années tous les paresseux intéressés à s'enrôler parmi les *penseurs*, David conserva jusqu'au bout son autorité et son attitude de chef : autorité fort peu tyrannique, nous l'avons dit, mais que chacun acceptait sans la discuter. Quelques paroles d'approbation adressées à un élève suffisaient pour enorgueillir celui-ci et lui assurer l'estime de ses condisciples. En dehors de ces succès à huis-clos, le titre seul d'élève de David était auprès des hommes du monde une recommandation et presque une garantie de talent ; à plus forte raison, les éloges publics donnés par le maître à tel tableau qui venait de se produire décidaient-ils de l'avenir d'un peintre et de sa renommée. La foule recueillait avidement au salon les jugements de l'oracle, connue plus tard les *mots* de Gérard circulaient de bouche en bouche et dirigeaient infailliblement l'opinion, avec cette différence toutefois que les arrêts prononcés par Gérard n'étaient pas toujours sans profit direct pour lui-même, et que David au contraire ne se préoccupait en pareil cas ni de l'accroissement de sa gloire, ni des intérêts de sa situation. De là cette reconnaissance et ce respect filial qu'il inspira de tout temps aux artistes dont il avait favorisé les débuts ; de là cette dépendance volontaire qui se prolongea chez les plus illustres d'entre eux, chez Gros par exemple, bien au-delà du terme de l'apprentissage. Passés maîtres à leur tour, ils se regardaient encore comme soumis à la discipline ; ils persistaient à s'intituler élèves de l'homme dont ils étaient devenus les rivaux.

Les choses ont singulièrement changé depuis lors. Aujourd'hui le premier soin d'un peintre ayant bien ou mal achevé ses études est de renier ouvertement celui qui les a dirigées. Il affecte la plupart du temps de dédaigner non-seulement les enseignements reçus, mais aussi l'autorité personnelle et le talent de son maître, et l'on peut citer comme des exceptions assez rares les élèves qui, au sortir d'une école, ne sont pas allés grossir les rangs ennemis. Ne faut-il voir là pourtant que des témoignages d'ingratitude, et les conditions mêmes de l'éducation actuelle, les incertitudes de ceux qui en prennent la charge ne justifient-elles pas en partie ces apparentes trahisons ? Bien souvent, à l'époque où nous vivons, un artiste n'a pu vieillir dans les succès qu'en changeant sans cesse sa manière en raison des goûts, des modes de chaque moment. Au lieu de suivre invariablement la voie qu'il aura jugée la meilleure, il se détourne pour guetter d'où vient le vent et se diriger en conséquence : exemple dangereux ou en tout cas malaisément profitable à des gens qui espéraient recevoir des notions fixes et des convictions. Le moyen de prêcher aux autres ce qu'on n'est pas bien sûr de croire soi-même ? Comment présenter à titre de vérités des principes qu'on rétractera peut-être demain ? comment surtout inspirer aux élèves un patient et sérieux amour de l'art, quand soi-même on n'a d'amour que pour la vogue, de confiance que dans le succès immédiat ? Rien de plus naturel alors que le relâchement des liens entre le maître et les disciples. Ceux-ci, pressés de faire figure et de se signaler à tout prix, ne consultent que leur ambition, et ne se mettent guère en peine de ce que pourra dire ou penser d'eux l'artiste qui n'a été que leur chef nominal. Ils ne songent ni à continuer un système, ni à défendre, à honorer une cause commune ; c'est à eux seuls qu'ils entendent faire honneur ; ce qu'ils veulent mettre en relief, c'est un mérite tout individuel. Sous ce régime d'indépendance excessive, il peut y avoir bon nombre de talents, mais ces talents se contredisent et s'insultent en quelque sorte ; le doute s'installe dans tous les esprits, parce que le bien et le mal se rencontrent un peu partout ; bref, il n'y a plus d'école, partant plus de foi ni de progrès soutenu.

Les œuvres de David et celles des peintres qu'il a formés, — je ne parle, bien entendu, que des plus dignes, — ont au moins cette unité de physionomie sans laquelle l'art d'une époque court risque de laisser peu de traces. Ce n'est pas que la similitude soit ici tellement complote qu'on ne puisse reconnaître, sous les traits généraux de la race, les caractères particuliers et comme le tempérament de chaque talent. Dans les tableaux de Drouais et de son contemporain Fabre, une certaine originalité se fait jour à travers des dehors d'imitation formelle. Depuis Girodet et Gérard jusqu'à M. Ingres et Léopold Robert, les artistes éminents qui se sont succédé dans l'atelier de David n'y ont pas, tant s'en faut, transformé leur nature ; mais tout en obéissant à des instincts différents, tout en vivant de leur vie propre, ces divers talents se relient entre eux par une sorte de solidarité, par un fonds de croyances communes. Sans doute, au point de vue de la forme, il n'y a que de lointaines analogies entre *le Déluge et l'Apothéose d'Homère*, entre la *Psyché* et *les Moissonneurs dans les Marais-Pontins*. Niera-t-on cependant que ces nobles ouvrages procèdent d'inspirations a peu près semblables, qu'ils aient pour objet l'expression d'une idée poétique, pour principe l'étude de l'antique et d'un même ordre de beau ? Il n'est pas jusqu'à leurs imperfections, jusqu'à cette correction et cette dignité un peu pénibles qui ne les rattachent les uns aux autres et n'achèvent d'en déterminer le caractère identique.

La réforme entreprise par David et continuée sous ses yeux, ou après lui pendant un demi-siècle, a donc toute l'importance d'un grand fait dans l'histoire de la peinture française. Il n'y a pas lieu néanmoins de considérer cette révolution comme un de ces événements décisifs qui ouvrent à l'art une ère nouvelle et une voie de progrès imprévu. David et ses élèves ne firent en réalité que se séparer de leurs prédécesseurs immédiats pour suivre à leur manière les anciens errements de l'école. Bien avant eux on s'était épris en France de la grandeur et de la simplicité antiques : Poussin et ses contemporains le prouvent suffisamment. Dès longtemps, la raison, le goût de l'exactitude, les arrière-pensées littéraires, avaient donné aux œuvres de la peinture française leur signification et leur valeur. Depuis Jean Cousin jusqu'aux derniers survivants de l'école du XVIIe siècle, depuis Clouet jusqu'à Rigaud, les peintres d'histoire et de portrait ont, à la diversité des styles près, la même volonté de ne rien laisser d'indéfini, le même besoin d'exprimer clairement des intentions avant tout ingénieuses, et il n'avait pas fallu moins que les enivrements de toutes les classes au temps de la régence et sous le règne de Louis XV pour que les héritiers d'une si sage méthode en vinssent à la répudier sans scrupule. David eut le grand mérite de rompre en visière avec ces décorateurs d'opéra ou de petites maisons. Il régénéra la peinture sans pour cela y introduire un élément absolument nouveau. En un mot, lui et les hommes imbus de ses principes confirmèrent des progrès appartenant à d'autres époques et retrempèrent à ses vraies sources l'art français, faussé dans ses formes aussi bien que dans son génie. Les excès survenus depuis lors n'ont pu anéantir les effets de cette réaction salutaire. Le bien qu'elle devait amener subsiste, même aujourd'hui, malgré tant de dangereux efforts en sens opposé, malgré la servilité ou la maladroite obstination des copistes et le zèle révolutionnaire de leurs ennemis. À examiner de près les résultats, le mouvement imprimé par David à la marche de l'école semble n'avoir été ni suspendu, ni même ralenti par ces résistances successives de l'esprit stationnaire ou anarchique. On a pu tour à tour reproduire à satiété les surfaces de la manière du maître, ou la contredire au moyen d'œuvres tout aussi superficielles sans être beaucoup plus originales ; mais, dans la première période, il faut distinguer des imitateurs à courte vue ceux qui surent pénétrer au-delà du fait et comprendre le sens même des exemples qu'ils se proposaient ; dans la seconde, il n'est pas moins juste, en réprouvant les aberrations du gros des sectaires, d'accepter certaines réformes légitimes, certains progrès accomplis par les chefs de la faction *romantique*, comme on disait alors. À quoi bon d'ailleurs revenir à ces distinctions de partis, à des catégories détruites, à des mots vides de sens aujourd'hui ? David n'a plus maintenant ni séides, ni adversaires. Sa cause a cessé de se confondre avec celle d'un *classicisme* suranné ; son nom ne peut plus servir d'enseigne aux apologistes ou aux détracteurs de la foi académique. L'école est aussi bien guérie, en ce qui le concerne, de la manie d'imitation que des fiévreuses injustices auxquelles elle s'abandonna ensuite ; toutefois elle subit encore, sans vouloir peut-être se l'avouer, les conséquences lointaines de la venue de David. On n'en est plus depuis longtemps à copier avec une respectueuse niaiserie le style du maître, à se morfondre dans des essais tout matériels pour s'assimiler sa pratique ; mais on a fini, volontairement ou non, par admettre ses principes, quitte à les interpréter suivant les besoins actuels et à en modifier à certains égards l'application.

Deux faits principaux ressortent de la situation où se trouve l'école française depuis quelques années : l'étude de plus en plus attentive de la nature, l'intelligence plus pénétrante que jamais de l'antiquité et des maîtres. Laissons de côté les sophismes ou les déloyautés pittoresques, les effigies de la réalité vulgaire, et toutes ces jactances de pinceau qu'on essaie de nous donner pour des révélations prophétiques, mais qui ne seront, — nous l'espérons bien, — que des accidents sans conséquences durables. Les talents considérables de notre temps ne procèdent-ils pas, soit de la vérité sentie et reproduite quelquefois sous des aspects encore inaperçus jusqu'ici, soit d'une connaissance profonde des monuments de l'art ancien ? David, en discréditant les conventions et la routine, préparait les progrès qui se poursuivent aujourd'hui ; il ouvrait la double voie où nous voyons marcher des artistes fort indépendants les uns des autres, mais que de près ou de loin il guide encore, bon nombre d'entre eux ont été formés directement par M. Ingres ou influencés par ses exemples, c'est-à-dire, dans une certaine mesure, par la tradition même de David. D'autres, sans faire cause commune avec le plus illustre représentant de cette tradition, n'ont pas pour cela rompu avec elle : ils l'ont interprétée, eux aussi, en se préoccupant surtout de l'imitation de la nature, qu'elle leur prescrivait. Envisagées ainsi, les deux grandes divisions qui séparent l'école contemporaine n'en demeurent pas moins tranchées ; elles ont seulement un point de départ unique, ou plutôt elles témoignent en même temps de l'action utile exercée par David et de la perpétuité des principes auxquels il a obéi à son heure, mais qu'il n'a pas inaugurés. C'est qu'en effet une école ne subsiste qu'à la condition de garder le souvenir et l'intelligence de son passé ; elle ne vit qu'en vertu des lois que lui imposent ses origines, ses progrès antérieurs, ses vieilles tendances. Ou elle se développe en rajeunissant une doctrine permanente, ou elle se perd, comme autrefois l'école florentine, dans des efforts de transformation impossible. Loin de nous la pensée d'immobiliser l'art, et de le condamner, sous prétexte de piété envers les ancêtres, à l'imitation matérielle et aux redites ; mais, de même que les lettres françaises gardent à toutes les époques un caractère de netteté incomparable, ce fonds de bon sens, si rare partout ailleurs que notre pays lui a donné son nom, de même en peinture on ne saurait impunément renoncer à ces inclinations sobres et sages, à ces habitudes judicieuses que nos maîtres ont perpétuées d'âge en âge. Là est la vraie gloire de l'art français ; c'est par là aussi que David et ses élèves se rattachent à leurs devanciers, et qu'ils méritent d'être proposés en exemple, non pas tous à titre d'hommes de génie, mais comme les restaurateurs et les disciples d'une tradition nationale qu'il est au moins prudent de respecter.

Notes

1. Il faut entendre par ce mot « débuts » les premières œuvres du peintre admises aux expositions du Louvre. On se rappelle que les académiciens seuls avaient le droit d'exposer leurs tableaux au salon, et David ne fut reçu membre de l'Académie royale de peinture qu'en 1783. Avant cette époque toutefois, il avait peint le Bélisaire, Andromaque pleurant la mort d'Hector, qu'il présenta comme morceau de réception, et, dès 1779, son Saint Roch, aujourd'hui à Marseille.
2. 8 août 1793.
3. Doyen s'était montré de très bonne heure hautement favorable à David, qui cependant ne put obtenir le grand prix de Rome qu'en 1775. L'année précédente, il avait échoué pour la quatrième fois. Vaincu par le découragement ; il résolut de se laisser mourir de faim, et vingt-quatre heures s'étaient écoulées déjà lorsque Doyen réussit à se faire ouvrir la porte de la chambre où David se tenait renfermé. À force d'exhortations et de prières, le peintre académicien finit par triompher du désespoir de son jeune protégé, qu'il servit ensuite avec un redoublement de zèle quand vint l'époque d'un nouveau concours.
4. Notons en passant une inadvertance et une erreur dans les pages que M. Delécluze a consacrées à Pierre Guérin. En citant les ouvrages les plus importants de l'artiste, M. Delécluze oublie de mentionner la Clytemnestre, tableau remarquable pourtant, et le meilleur spécimen peut-être de ce talent un peu grêle, mais foncièrement distingué. En outre M. Delaroche est, à deux reprises, classé parmi les élèves de Guérin, quoique M. Delaroche n'ait jamais eu d'autre maître que Gros.

ISBN : 978-1985355088

www.ingramcontent.com/pod-product-compliance
Lightning Source LLC
Chambersburg PA
CBHW070959220526
45471CB00007B/3097